Eckart zur Nieden

# „Sehr geehrter Herr Isaak ...“

Briefwechsel mit biblischen Senioren

BRUNNEN
VERLAG GIESSEN · BASEL

Eckart zur Nieden, lange Jahre fest angestellter Rundfunkredakteur und Autor, weiß, wovon er hier schreibt: Er zählt zum Jahrgang 1939 ... und genießt nun den aktiven Ruhestand – vor allem als Autor.

2. Auflage 2006


www.brunnen-verlag.de
Lektorat: Petra Hahn-Lütjen
Umschlagmotiv: creativ collection, Freiburg
Umschlaggestaltung: Ralf Simon
Satz: DTP Brunnen
Herstellung: GGP Media GmbH, Pößneck
ISBN 3-7655-1885-9

# Inhalt



Im 1. Buch Mose, in den Kapiteln 21 bis 35, steht die Geschichte von Isaak, dem Sohn Abrahams. Allerdings wird in Kapitel 35 nur sein Tod erwähnt, von wichtigen Ereignissen steht das letzte Mal in Kapitel 27. Die Geschichte, auch die Heilsgeschichte Gottes, scheint am Ende über ihn hinweggegangen zu sein.

Ist das so? Ist das gar zwangsläufig immer so im Alter? Wie ist Isaak mit diesen Fragen fertig geworden?

Wenn wir ihn fragen könnten! Irgendwie können wir das durchaus, wenn wir die Berichte über ihn gründlich lesen.



Wer die Geschichte Moses nachlesen möchte, auf die diese Briefe sich beziehen, muss nicht alle Mosebücher von zwei bis fünf lesen. Die wichtigsten Ereignisse werden am Anfang des zweiten Mosebuches, das man auch Exodus nennt, geschildert.

Israels ins Amt gebracht – was aus vielerlei Gründen eine undankbare Aufgabe war.

Bis ins hohe Alter musste er sich mit politischen Konflikten und Intrigen herumschlagen.

Ein älterer Mensch, auch wenn er weder Prophet noch Politiker ist, kann viel von Samuel lernen.

Liebe Leserin, lieber Leser,

zugegeben, ich habe an die „Glaubensväter“ nicht wirklich geschrieben, und sie haben mir nicht eigenhändig geantwortet. Aber das haben Sie ja sicher auch schon vermutet.

Und doch haben sie mir in gewisser Weise geschrieben. Sie haben sich mir ins Herz geschrieben, als ich ihre Geschichten wieder und wieder las und sie mir dabei so vor das innere Auge traten, dass ich das Gefühl bekam, ich kennte sie persönlich.

Das hängt nicht nur mit der farbigen und lebensnahen Schilderung der Bibel zusammen, sondern auch damit, dass ich eine erstaunliche Übereinstimmung feststellte zwischen meinen Problemen und denen dieser biblischen Gestalten. Und wenn die Probleme ähnlich sind, können dann nicht auch die Lösungen ähnlich sein?

Über das Alter wird in der Bibel anders gedacht und geredet als in unserer heutigen Gesellschaft. Das hängt auch mit der patriarchalischen Kultur in jener Zeit und in den orientalischen Völkern zusammen. Aber nicht nur. Es hängt auch damit zusammen, dass Gott seine Pläne mit den Menschen nicht bis 65 oder gar bis 40 abgewickelt haben muss. Die ganze Lebensspanne des Menschen – bis Gott ihn abruft – hat Bedeutung für ihn. Er kann sie füllen mit Aufgaben, mit Freude, mit Sinn.

Die vier alten Männer, mit denen ich „korrespondiert" habe, sind dafür nur vier Beispiele. Die Reihe ließe sich fast beliebig verlängern – bis zu Ihnen und zu mir?

*Ihr*
*Eckart zur Nieden*

Herrn
Isaak Ben Abraham
Genesis 27
Hebron
ISRAEL

Wetzlar in Hessen,
im Jahr 2005

Sehr geehrter Herr Isaak,

Sie wundern sich sicher, von mir einen Brief zu bekommen, zumal ich über dreieinhalb Jahrtausende nach Ihnen lebe. Ich möchte Ihnen darum zu Anfang erklären, was mich auf die Idee brachte, mit Ihnen in Kontakt zu treten.

Neulich las ich von Ihnen im ersten Buch Mose, das man auch Genesis nennt. Vielleicht überrascht es Sie, dass dort ein wesentlicher Teil Ihrer Lebensgeschichte aufgezeichnet ist. Es hat mich sehr bewegt, was Sie im Alter für ein schweres Schicksal zu tragen hatten. Offenbar haben die jungen Leute Sie völlig ausgebootet. Es mag für meine Zeitgenossen Schlimmeres geben, aber ich stelle mir das bei Ihnen besonders schrecklich vor. In Ihrer Zeit wurde das Alter doch sonst so geachtet. Sie wurden ja sogar von Ihrem Sohn betrogen!

Vorher waren Sie das Familienoberhaupt gewesen. Alles hörte auf Ihr Kommando. Nicht nur Frau und Kinder, auch eine große Zahl von Knechten. Auf einmal waren Sie auf dem Abstellgleis. Zum alten Eisen geworfen.

Oh, Entschuldigung, Eisen kannten Sie ja kaum, es war ja noch Bronzezeit. Und der Ausdruck „Abstellgleis" wird Ihnen auch nichts sagen. Nun ja, wenn in meinen Brief gelegentlich Ausdrücke einfließen, die Ihnen fremd sind – Sie werden deren Bedeutung sicher aus dem Zusammenhang erraten. Sie sind ja immer ein kluger Mann gewesen.

Ich wollte sagen: Sie waren vom weiteren Gang der Geschichte völlig ausgeblendet. Viele Jahre lagen Sie blind und hilflos auf Ihrem Lager, treu von Rebekka gepflegt. Ich habe mal die verschiedenen Zeitangaben nachgerechnet, danach müssen Sie 43 Jahre gelegen haben. 43 Jahre! Zu jener Zeit wäre das bei uns im Norden unter den Kelten weit über der durchschnittlichen Lebenserwartung gewesen.

Nicht nur die Familiengeschichte lief an Ihnen vorbei. Auch die große Politik. Und auch in der Heilsgeschichte Gottes schienen Sie wohl keine Bedeutung mehr gehabt zu haben, seit Ihr Segen auf Jakob lag. Ich stelle mir das sehr schmerzhaft vor.

Aber nach allem, was man so hört, müssen Sie das gut bewältigt haben. Das hat mich bewogen, Ihnen mal zu schreiben und Sie nach dem Geheimnis zu fragen, das Sie dazu befähigt hat. Und Rat für mich zu erbitten.

Nicht sehr konkreten Rat, versteht sich. Das wäre schwierig, weil wir ja in einer ganz anderen Zeit leben. Aber vielleicht können Sie mir doch den einen oder anderen Tipp geben, wie man damit fertig werden kann, wenn man zum alten Eisen ... zur alten Bronze gezählt wird.

Also, mein Problem ist Folgendes: Ich habe ja von mir selbst den Eindruck, dass ich noch geistig wach bin (und hoffe, dass ich mir da nicht selbst etwas vormache). Trotzdem komme ich bei den rasanten Veränderungen nicht mehr richtig mit und fühle mich manchmal abgehängt. Junge Leute sind oft beweglicher und können besser mit dem Computer ... also, können besser mit den neuen technischen Geräten umgehen. Sicher, sie achten meine Erfahrung. Aber das ist auch schon alles. Und das ist nicht viel. Sie müssen wissen, Herr Isaak: Erfahrung gilt heutzutage nicht mehr viel, weil unsere Zeit so schnelllebig ist. Dauernd ändert sich alles. Ich kenne Leute, die mogeln sich so durch, werden dabei aber immer verbitterter. Das möchte ich nicht. Andere kapseln sich ab gegenüber der Jugend und hätscheln nur ihre Erinnerungen und leben in ihrer eigenen Welt und klagen, dass früher alles besser war. Wieder andere nehmen den Kampf auf mit den nachrückenden Generationen, sie intrigieren und fordern – dabei sollten wir doch im Frieden miteinander leben.

Können Sie mir raten, wie ich mich verhalten soll?

Es herrscht in unserer Zeit etwas, für das man den Ausdruck „Jugendkult“ erfunden hat. Die junge Generation beherrscht das gesellschaftliche Leben und bestimmt die Trends. Wir Älteren sind nicht mehr gefragt. Obwohl wir doch noch viel Gutes beitragen könnten. So etwas schmerzt. Aber wem sage ich das, Sie werden es verstehen, weil es Ihnen ja wohl auch so ging. Manche Alten reagieren hart und verachten nun ihrerseits alles, was von der Jugend kommt. Sie sagen, die jungen Schnösel – ich weiß nicht, ob Sie den Ausdruck kennen – hätten nichts Tiefgehendes zu sagen.

Vielleicht haben beide Seiten Unrecht. Aber da ich mich zur älteren Generation rechne – ich bin auch schon Großvater – ist es wohl meine Sache, nicht zu fragen, was die Jugend falsch macht, sondern was wir Älteren anders machen sollten.

Verzeihen Sie, dass ich Sie in Ihrer ewigen Ruhe

mit meinen Fragen belästige, verehrter Isaak! Trotzdem auf Antwort hoffend grüße ich Sie freundlich aus dem 21. nachchristlichen Jahrhundert.

*Ihr*
*Eckart zur Nieden*

Herrn
Eckart zur Nieden
im 21. nachchristlichen
Jahrhundert
Wetzlar in Hessen

Hebron,
in alter Zeit

Lieber Herr Eckart,

verzeihen Sie, wenn ich mit Ihren Briefgewohnheiten nicht vertraut bin und darum auch nicht weiß, wie ich Sie anreden soll. Sie schreiben, dass Sie in Hessen leben. Sind diese Menschen mit den Hethitern verwandt, die in den Bergen nördlich von uns wohnen? Der Name klingt so.

Nun aber zu Ihrem Anliegen. Ja, es ist für unsereinen schwer, eine andere Zeit zu verstehen. Wenn schon bei Ihnen die junge Generation sich von der alten fortentwickelt – wie viel mehr muss das geschehen zwischen uns, wo vielleicht hundertzwanzig bis hundertfünfzig Generationen dazwischen liegen. Sie haben wohl auch darin Recht, dass Ihre Zeit schnelllebiger ist als unsere und dass das Denken sich in sehr viel kürzeren Epochen wandelt. Ob das für das Altern des einzelnen Menschen ein Vor- oder Nachteil ist, wage ich nicht zu beurteilen. Aber glauben Sie mir: Dass die Alten die Jungen nicht recht verstehen – und umgekehrt – ist ein Problem, das zu allen Zeiten bestand.

Bei mir war alles sogar noch schwieriger, als Sie angedeutet haben. Ich fühlte mich nicht nur von meinen zwei Söhnen abgeschoben, als ich alt und schwach und blind auf den Fellen in meinem Zelt liegen musste. Ich kannte diesen Generationenkonflikt schon aus der Zeit, als ich selbst noch jung war. Soll ich Ihnen davon erzählen?

Da war etwa dieses schreckliche Ereignis, als mein Vater Abraham mich fast geschlachtet und als Opfer verbrannt hätte. Sicher, ich weiß, dass er es nur aus Gehorsam tat, und es brach ihm fast das Herz. Zweifellos liebte er mich. Trotzdem – dass meinem Vater Gott wichtiger war als ich, hat meine kindliche Seele sehr getroffen.

Dann musste ich mit der Heirat warten, bis ich vierzig war. Vater erlaubte nicht, dass ich eine Frau nahm, die nichts von Gott weiß. Und als es schließlich nicht mehr aufzuschieben war, schickte er unseren alten Knecht in ein fernes Land, der mir dort eine Frau aussuchen sollte. Wie würden Sie sich fühlen, wenn … nun ja, vielleicht ist es in Ihrer Zeit ja üblich, dass die Knechte der Väter den Söhnen die Frauen auswählen. Aber mir hat das zu schaffen gemacht … auch wenn ich dann mit der Wahl meiner Rebekka durchaus zufrieden war.

Es wird daran deutlich, dass es auch nicht der Idealzustand sein muss, wenn die Alten allein das Sagen haben. Diese Erfahrungen haben mich, als ich selbst alt war, zu der Einsicht gebracht, dass es nicht viel Sinn hatte, die unter den Nomadenstämmen übliche absolute Autorität des Sippenoberhauptes nachdrücklich einzufordern.

Sie haben Recht, ich verstehe von Ihren Lebensverhältnissen gar nichts und kann darum auch nicht konkret raten. Aber ich schildere Ihnen mal meine Erfahrungen und meine Lebensrezepte. Vielleicht ist ja davon manches über die Jahrtausende hinweg gültig geblieben.

1. Kampfansage an den Neid!

Wenn man nicht mehr sehen kann, wie ich, und die Jungen treffen mit dem Pfeil noch über hundertfünfzig Schritt, wenn die Kräfte nachlassen und bei der neuen Generation nehmen sie zu, wenn sich so vieles ändert und man kommt nicht mehr richtig mit, dann kann sich Neid regen. Vielleicht auch darüber, dass uns seinerzeit vieles verboten war, was die heutige

Jugend einfach tut. Oder dass uns manches aus vielerlei Gründen nicht möglich war, aber heute ist es selbstverständlich.

Der Blick auf meinen guten Gott gab mir die Kraft, in Liebe anderen Gutes zu gönnen, was mir verwehrt war, den Neid zu verbannen, dankbar zu sein für das, was ich an ihm habe.

2. Kampfansage an die Angst!
Werde ich im Konkurrenzkampf unterliegen? Sind die Jungen besser, stärker oder sogar beliebter als ich? Was wird dann mit mir? So wie jede Aufwärtsentwicklung Mut gibt, kann jede Abwärtsentwicklung Angst machen. Und Abwärtsentwicklung ist im Alter natürlich.

Dann ist da auch die oft sehr konkrete Angst vor denen, die einen unter Druck setzen, die anscheinend gar nichts fürchten. Und dann die ganz allgemeine Angst, die Verunsicherung, weil alles sich ändert und uns damit der Boden unter den Füßen weggezogen wird, von dem wir immer meinten, er stünde felsenfest.

Das regelmäßige Gespräch mit meinem guten Gott half mir, die Angst zu überwinden und mich getrost in seine Hände zu geben. Auch die Jugend seinen Händen anzubefehlen. Der Fels, auf dem ich stehe, ist nicht die Gewohnheit oder die Tradition, sondern Gott selbst.

3. Kampfansage an die Verbitterung!
Ich konnte nichts daran ändern, dass bei meinen Söhnen alles so ganz anders kam, als ich es mir wünschte. Esau, mein Liebling, enttäuschte mich, als er drei heidnische Frauen heiratete, die die Familienatmosphäre vergifteten. Er enttäuschte mich auch, weil er so gar kein Interesse am Segen Gottes zeigte. Jakob enttäuschte mich, weil er mich nach Strich und Faden betrog und sich den Segen erschlich. Aber was hilft es, bitter zu werden?

Erst als ich es lernte, meinem guten Gott zu vertrauen, wurde ich still und gelassen. Da bekam ich dann auch einen Blick dafür, dass Gott ja auch mit den Kindern seine eigene Geschichte hatte. Eine ganz andere Geschichte als meine. Aber es war nie die Absicht des Schöpfers, dass Kinder die Geschichte der Eltern einfach verlängern sollten. Und ist es nicht auch besser, Gott arbeitet an den jungen Leuten, als dass ich an ihnen arbeite?

Ich weiß nicht, verehrter später Freund, ob Ihnen meine Worte weiter helfen. Ich würde mich freuen.

Rebekka lässt Sie freundlich grüßen.

Gott sei mit Ihnen! – Denn das ist das Geheimnis eines erfüllten Alters. Wir reden doch vom selben Gott, oder? Ich meine nicht Baal oder einen dieser Götzen, sondern den lebendigen Gott, der Himmel und Erde schuf, und der zu uns – zu meinem Vater

Abraham und auch zu mir – manchmal gesprochen hat. Leider sehr selten. Wie schön wäre es, wenn er zu Ihnen öfter redete und sich deutlicher zu erkennen gäbe! Ich könnte mich neidlos mit Ihnen freuen.

Noch einmal: Gott sei mit Ihnen!

*Ihr*
*Isaak*

Herrn
Präsident Mose
Am Berg Nebo,
Ostjordanland
(genaue Adresse unbekannt.
Falls nicht auffindbar,
bitte an Absender zurück!)

Germanien,
Anfang des
3. Jahrtausends

Sehr verehrter Mose,

da Sie des Schreibens kundig sind – etliche Bibelstellen belegen, dass Sie als Chronist und Dichter tätig waren – und da die stressreiche Zeit der Wüstenwanderung nun hinter Ihnen liegt und ich annehmen darf, dass Sie zur Ruhe gefunden haben, erlaube ich mir, Sie mit meinem Brief zu belästigen. Ich habe da einige Fragen, die Sie mir vermutlich aus Ihrer reichen Lebenserfahrung beantworten können.

Es handelt sich dabei um Fragen der Bewältigung des Alters. Es scheint mir, als seien Sie in dieser Sache besonders kompetent. Zwar wird heute kaum jemand 120 Jahre alt, wie Sie es geworden sind. Aber nachdem zwischenzeitlich über gut drei Jahrtausende die durchschnittliche Lebenserwartung deutlich niedriger lag – bis zu einem Drittel oder gar nur einem Viertel Ihres Alters –, hat sich der Trend nun umgekehrt. So sehr, dass unsere sozialen Sicherungssysteme ins Wanken kommen angesichts der gewandelten Alterspyramide in der Bevölkerung.

Oh – da fällt mir ein, dass Sie vielleicht nicht wissen, was soziale Sicherungssysteme sind. Nun, auch bei Ihnen sorgten die Jungen für die Alten. Viel anders ist das heute auch nicht, nur dass alles gesetzlich geregelt ist – die Arbeitenden müssen für die Senioren zahlen und erwerben damit das Recht, ihrerseits im Alter versorgt zu werden von denen, die dann in der Mitte des Lebens stehen. Und das gilt nicht innerhalb der Familie oder Sippe, sondern im ganzen Volk.

Wenn ich von Alterspyramide sprach, sind damit nicht die ägyptischen Pyramiden gemeint, in deren Schatten Sie Ihre Jugend verbrachten. Es handelt sich hier nur um ein Darstellungsmodell für die Altersstruktur der Bevölkerung. Also: Heute werden die Menschen wieder älter, wenn auch nicht oder nur selten über 100. Aber offenbar waren Sie auch eine Ausnahme, da Sie ja im Psalm 90 selbst geschrieben haben: „Unser Leben währt 70 Jahre und wenn's hoch kommt, so sind's 80 Jahre." Das deckt sich auch ganz gut mit unseren heutigen Erfahrungen.

Ich schweife ab. Ich wollte nicht über das Alter ganz allgemein mit Ihnen korrespondieren, sondern über die ganz spezielle Frage, wie es dazu kam, dass Sie in hohem Alter noch so eine gewaltige Aufgabe übernommen haben. Sie wurden ja gewissermaßen ein Staatsgründer. Und das, nachdem Ihr Weg vorher zunächst in die Höhe und dann steil nach unten gegangen war.

Es wird uns berichtet – waren Sie selbst es, der das alles aufschrieb? –, dass Sie als einziger von Ihrem versklavten Volk eine höhere Bildung genießen konnten als Adoptivsohn einer Prinzessin. Während Ihre Volksgenossen Ziegeln formen und brennen mussten für die Bauprojekte Pharaos, konnten Sie am Hof Sprachen und Schrift lernen und sich im Gebrauch der Waffen und in Diplomatie üben. Wenn in jener Zeit überhaupt jemand Israel hätte befreien können, dann waren Sie das.

Aber dann kam der Fall. Verzeihung, wenn ich so offen von dem Mord spreche. Er ist inzwischen dreitausendfach verjährt. Sie erschlugen einen Ägypter – zweifellos in bester Absicht, Gerechtigkeit herzustellen – und mussten fliehen.

Das war das erste Drittel Ihres Lebens: voller Chancen, aber endend in einer Sackgasse.

Das zweite Drittel war das genaue Gegenteil: Der ehemalige vornehme Prinz hütete das Kleinvieh seines Schwiegervaters. Statt auf dem schnellen Gespann zu fahren, trottete er auf zerrissenen Sandalen durch die Wüste. Und das nicht nur mal kurzfristig, sondern 40 Jahre lang.

Sie werden gedacht haben, dass Ihr Leben mit 80 in zwei Hälften zerfiel – eine erste goldene und eine zweite erbärmliche, sinnlose, erfolglose, ohne Ziel … außer dem, eben dieses normalerweise 80 Jahre währende Leben zu Ende zu bringen.

Aber dann zeigte sich, dass Sie erst zwei Drittel erlebt hatten und dass das letzte Drittel vollgestopft sein sollte mit Sinn, mit großen Aufgaben, mit Kämpfen, mit vielen Enttäuschungen wie wunderbaren Gotteserfahrungen. Diese 40 Jahre waren nicht das gemächliche Auslaufen eines Lebens, sondern sein Höhepunkt.

Wenn Sie annehmen, dass ich mich damit nicht nur aus theologischem oder historischem Interesse beschäftigt habe, dann vermuten Sie richtig. Ich frage mich, welche Aufgaben Gott vielleicht noch für mich haben könnte. Ich reiße mich nicht um gewaltige Aufgaben! Das haben Sie ja auch nicht getan. Aber Sie waren gehorsam, als Gott Sie rief. Und gehorsam möchte ich auch sein. Ich möchte, wenn ich am Ende einmal zurückblicke, nicht unbedingt sagen können, dass ich es bequem hatte, aber dass Gott etwas aus meinem Leben machen konnte.

Natürlich werden die Aufgaben für mich nicht das Ausmaß und die Qualität haben wie bei Ihnen. Vermutlich wird Gott durch mich kein Volk befreien, mir nicht die Verantwortung für Hunderttausende aufladen und mich nicht jahrelang durch Wüsten führen. Aber irgendeine Aufgabe könnte er für mich haben, und die möchte ich nicht verpassen. Eine sehr viel kleinere Aufgabe als Ihre, aber doch nicht unwichtig, weil nichts unwichtig ist, was wir in Gottes Auftrag tun.

Erzählen Sie mir von Ihrer Berufung, verehrter Mose. Gehen Sie es in Gedanken noch einmal durch und lassen Sie mich miterleben, wie es zu diesem Aufbruch kam. Vielleicht entdecke ich Hinweise, wo und wie ich Gottes Willen für mich erkenne. Zumindest wird es mir Mut machen, mein Leben nicht nur einfach ausklingen zu lassen, sondern Gott zur Verfügung zu bleiben, solange er mir noch Kräfte des Körpers und des Geistes gibt.

Ich weiß, verehrter Mose (dieses Wort bitte ich nicht als leere Floskel zu verstehen), dass mein Anliegen ein bisschen unverschämt ist. Ich wage trotzdem, es Ihnen vorzutragen, weil mir aus Ihren Schriften bekannt ist, wie Ihnen Gottes Wirken im Leben jedes Menschen wichtig ist. Außerdem sagt man, dass man jemandem, der viel zu tun hat, auch noch mehr aufladen kann. Sein Fleiß und sein Geschick garantieren, dass die Sache erledigt wird, während die Muße eines anderen Ausdruck von Bequemlichkeit oder gar Faulheit sein kann.

Aber vielleicht sind Sie ja nun auch ganz zur Ruhe gekommen. Oder Sie haben in der Ewigkeit reichlich Zeit. Wer weiß das schon von uns, die wir noch hier auf der Erde leben!

Auf jeden Fall bedanke ich mich schon mal im Voraus und wünsche Ihnen ... ach, was soll ich Ihnen wünschen? Sie werden in der Nähe Ihres Herrn wunschlos glücklich sein.

Mit freundlichen Grüßen

*Ihr*
*Eckart zur Nieden*

Herrn
Eckart zur Nieden
Anfang des 3. Jahrtausends
Germanien

Im Jordantal, damals

Sehr verehrter Herr,

weder von Ihnen noch vom 3. Jahrtausend noch von Ihrem Land Germanien kann ich mir eine Vorstellung machen. Sehr gut aber kann ich Ihre Frage verstehen, habe ich doch über das, was Sie bewegt, selbst oft nachgedacht.

Sie sind auf dem richtigen Weg, wenn die Frage nicht lautet, was Sie aus dem Rest Ihres Lebens machen können, sondern was Gott daraus machen will. Wer selbst sein Leben mit einem Sinn füllen will, mag darin einen gewissen Erfolg haben. Aber nur der Sinn, den der Höchste in unser Leben legt, hat ewige Bedeutung.

Ich habe mich wahrlich nicht nach der Aufgabe gedrängt, mein Volk aus der Sklaverei zu führen. Im Gegenteil, ich habe mich zunächst mit Händen und Füßen gesträubt, als Gott aus dem brennenden Dornbusch zu mir redete (Sie werden die Geschichte kennen, wenn Sie die Chroniken gelesen haben.) Ich hatte auch kein besonderes Bedürfnis, einem letzten Teil meines damals schon langen Lebens einen besonderen Glanz zu verleihen oder mir einen Platz in der Geschichte zu sichern.

Ja, in meiner Jugend, da hätte ich gern Großes geleistet. Aber nun nach 40 Jahren in der Provinz, in der Wüste, war mir aller Ehrgeiz vergangen.

Damit komme ich zum ersten Punkt, der mir – im Rückblick betrachtet – wichtig scheint:

1. Ich musste erkennen, dass ich in eigener Kraft nicht tauglich war für das Werk, das Gott mir auftragen wollte.

Sie haben Recht – früher hielt ich mich für die ideal geeignete Person: intelligent, gebildet, erfahren. Zweifellos war ich auch eine Führernatur. Und mein Eifer für die Sache unseres Volkes schien mich besonders zu qualifizieren. Wenn man mal von meinem kleinen Sprachfehler absieht, war ich der geborene Anführer.

Aber das Volk erkannte das nicht. Die Zeit war noch nicht reif. Nein, ich war noch nicht reif. Gott hat 40 Jahre gebraucht, um mich reifen zu lassen. 40 Jahre, in denen ich dreckig und verschwitzt durch einsame Steinwüsten zog auf der Suche nach ein paar Hälmchen für die Schafe und Ziegen, die noch nicht einmal mir gehörten.

Nun war ich alt und tief gedemütigt und hatte allen politischen Plänen abgeschworen. So endgültig, dass ich es entsetzt von mir wies, als Gott plötzlich damit anfing. Allerdings ist Demut kein Selbstzweck. Gehorsam steht darüber. Nötig ist Demut aber sehr wohl, wenn Gott etwas mit uns anfangen soll.

2. In einer Begegnung mit Gott begann das Neue.
Es war nicht ein Entschluss, der in mir herangereift wäre. Die Aufforderung kam von außen.

Vermutlich wird Gott zu Ihnen und anderen nicht in genau gleicher Weise reden, mit einer hörbaren Stimme aus einem flammenden Busch, der dabei nicht verbrennt. Aber sein Wort an Menschen, in welcher Form auch immer, muss der Anfang sein. Wenn Gott zu Menschen redet, werden sie empfinden, dass sie auf heiligem Boden stehen wie ich damals. Wo Gott nahe ist, ist immer heiliges Land.

Er knüpfte damals an die Erfahrungen meiner Ahnen an. „Ich bin der Gott Abrahams, Isaaks und Jakobs.“ Wenn er zu Ihnen spricht – ob er dann an meine Erfahrungen anknüpft? Er stellte sich vor mit dem Namen „Ich bin, der ich bin.“ Mir sagte das zunächst nicht viel, nur eben, dass er wirklich da ist und zu allen Zeiten derselbe bleibt. Ob Sie in Ihrer Zeit mehr darüber wissen? Ob er sich nach mir noch anderen offenbart hat? Ob er auch Ihnen mit seinem göttlichen „Ich bin“ entgegentritt? Darüber müssen Sie mehr wissen als ich.

3. Gott gab einen klaren Auftrag.
Das war der wesentliche Unterschied zu meiner Sturm- und Drangzeit vor 40 Jahren. Die Bedingungen waren inzwischen um ein Vielfaches schlechter – aber jetzt wollte es Gott!

Damals waren meine ersten Versuche schief gegangen. Mussten Sie nun im Alter und unter viel schlechteren Voraussetzungen nicht erst recht schief gehen? Nein, weil ich jetzt im Auftrag Gottes handelte. Ich war da beim brennenden Busch wahrhaftig kein Vorbild an Einsatzfreude. Aber Gott wollte mich trotzdem. Ich war demütig und auch ängstlich geworden im Alter. Aber Demut hat ihre Grenze da, wo Gott sendet. So sagte ich „ja“.

4. Gott geht mit.
Er gibt selbst, was wir brauchen, um seinen Auftrag auszuführen.

Ich hatte Angst, dass niemand meine Autorität anerkennen würde – also gab er mir das Wunderzeichen mit dem Stab, der zur Schlange wurde.

Ich fühlte mich behindert durch meine schwere Zunge – also stellte er mir meinen Bruder Aaron zur Seite, der für mich reden sollte.

Das Wichtigste aber war, dass er selbst mitging. „Ich bin …“, sagte er. „Ich bin alles, was du brauchst. Ich bin mehr als ein Wunderstab und mehr als ein Bruder. Fehlt dir Mut? Fehlt dir ein Plan? Fehlen dir die Worte? Fehlt dir die Unterstützung durch andere? Fehlt dir die Vollmacht? Ich bin alles für dich. Geh du nur. All deinen Mangel fülle ich aus. Wenn ich bei dir bin, fehlt dir nichts.“

Sehen Sie, verehrter Frager aus einer späteren Epoche, das ist das Geheimnis meines erfüllten Alters gewesen. Ob Sie es verstehen und nachvollziehen können, weiß ich nicht. Selbst die Israeliten in meiner nächsten Umgebung während der folgenden 40 Jahre haben es oft nicht begriffen. Sie sahen die Wunder – das Manna etwa oder Wasserquellen an trockenen Orten – und zweifelten doch immer wieder.

Alles von Gott zu erwarten – diese Lektion ist schwer zu lernen. Auch bei mir brach manchmal der alte menschliche Übereifer durch – zum Beispiel als ich an den Felsen schlug, der Wasser geben sollte, statt nur mit ihm zu sprechen, wie Gott es verlangt hatte. Zur Strafe durfte ich dann am Ende nicht die Grenze ins Gelobte Land mit überschreiten. Es ist manchmal schwer, sich selbst ganz zurückzunehmen und sich ganz gelassen in Gottes Hände zu geben. Und doch ist es auch wieder kinderleicht. Es gibt nichts Einfacheres als loszulassen … wenn man weiß, dass man gehalten ist. Und dann Aufgaben anzupacken, wenn es in Gottes Auftrag geschieht.

Ob ich Ihnen mit meinen Antworten ein wenig helfen konnte? Ich würde mich freuen.

Jahwe, der „Ich bin, der ich bin“ und „Ich werde sein, der ich sein werde“, der sei auch Ihr Gott und schenke Ihnen ein erfülltes und gesegnetes Alter. Es müssen ja nicht gleich 120 Jahre sein.

Es grüßt Sie

*Mose*

An den
Patriarchen Kaleb
Stamm Juda
Hebron

Im Norden,
etwa 3 400 Jahre
nach Ihnen

Sehr geehrter Herr Kaleb,

ehe Sie viel herumrätseln, wer Ihnen da schreibt – Sie kennen mich nicht. Das ist auch gar nicht möglich, weil ich lange nach Ihrer Zeit lebe. Aber ich kenne Sie. Ein bisschen wenigstens, weil ich gelesen habe, was über Sie in den alten Schriften steht, die lange nach Ihnen gesammelt wurden und bei uns unter dem Namen Bibel bekannt sind.

Da habe ich gelesen, dass Sie einer der zwölf Kundschafter waren, die Mose aus der Wüste nach Norden schickte. Sie sollten das Land Kanaan erkunden, von dem in Ihrem Volk nach über 400 Jahren Gefangenschaft in Ägypten nur noch eine sehr schwache Überlieferung bestand. Das Sie aber nun erobern wollten und das Ihnen auch verheißen war als das künftige Heimatland, in dem „Milch und Honig fließen" sollten.

Sie kamen mit den anderen elf zurück, und die Berichte fielen sehr unterschiedlich aus. Zwar erzählten Sie übereinstimmend von dem wunderschönen Land und den fruchtbaren Äckern und Weinbergen und Olivenhainen. Auch waren Sie sich einig, dass es dort stark befestigte Städte gab, von riesenhaften Menschen bewohnt. Aber damit endete alle Übereinstimmung. Zehn der Spione zeterten, es sei unmöglich, die Feinde zu vertreiben. Nur Sie und Josua traten dafür ein, den Angriff zu wagen. Wenn Gott mit Ihnen sei, würde er Ihnen den Sieg geben.

Sie kennen diese Geschichte natürlich. Ich schreibe sie trotzdem nochmal in Kürze auf, weil Sie vermutlich nicht wissen, was ich von Ihnen weiß. So erspare ich Ihnen, in Ihrem Antwortbrief, auf den ich hoffe, mehr schreiben zu müssen, als unbedingt nötig ist.

Es wird dann berichtet, dass Gott über das mangelnde Vertrauen der zehn Zweifler und schließlich des ganzen Volkes zornig war. Zur Strafe sollte das Volk nun vierzig Jahre durch die Wüste ziehen. Keiner, der älter als zwanzig Jahre war, sollte das gelobte Land betreten. Mit zwei Ausnahmen: Sie und Josua würden für Ihren Glauben belohnt.

Ich stelle mir also vor, wie das war, als Ihr Volk dann vierzig Jahre später über den Jordan zog und weite Landstriche eroberte, angefangen mit Jericho, und sich schließlich in Gilgal versammelte, um das Land zu verteilen. Alles junge Leute und solche im mittleren Alter – keiner kann über sechzig gewesen sein – und mittendrin nur zwei alte Männer: Josua, der Anführer und Nachfolger Moses, und Sie.

85 Jahre alt waren Sie, so steht es in dem Bericht. Und noch genauso stark wie mit 40, als Mose Sie als Kundschafter ausgesandt hatte. Haben Sie jedenfalls behauptet. Nun ja, wenn Sie ein bisschen übertrieben haben, würde ich's Ihnen nicht übel nehmen. Vielleicht hat die Begeisterung über die Erfüllung von Gottes Versprechen Sie so mitgerissen, dass Sie sich selbst vitaler einschätzten, als Sie objektiv waren. Wir kennen so ein geflügeltes Wort, man sei so alt, wie man sich fühlt. Da ist sicher etwas Wahres dran, aber wenn's drauf ankommt … mit 85 noch so stark wie mit 40?

Nun, wie dem auch sei, Sie waren jedenfalls weder gebrechlich noch senil. Sie gingen zu Josua und forderten das Versprechen, das Mose im Auftrag Gottes gegeben hatte, solle eingelöst werden. Sie wollten Hebron mit Umland als Erbteil für Ihre Sippe. Allerdings war Hebron noch von den Anakitern besetzt, riesenhafte Kerle und kampferprobt. Die mussten erst weg, ehe Sie da hin konnten. Das schien Sie nicht zu schrecken; im Gegenteil, der Bericht klingt so, als freuten Sie sich auf den Kampf. Wollten Sie beweisen, wie stark Sie noch waren als weitaus Ältester im ganzen Stamm Juda? Wollten Sie Gott auf die Probe stellen, ob er zu seinen Versprechen steht?

Ich hoffe, verehrter Herr Kaleb, meine Fragen sind Ihnen nicht zu indiskret. Ich will Ihnen gern erklären, warum ich frage und überhaupt diesen Brief an Sie schreibe.

Es scheint in unserer Zeit ein Jugendkult vorzuherrschen. Zwar werden die Menschen dank besserer Gesundheit älter als noch vor einigen Jahrzehnten, aber die Alten werden nicht besonders in Ehren gehalten, wie das in Ihrer Zeit damals wohl noch war. Jung sein – und natürlich stark und schön sein – gilt als ideal.

Bis zu einem gewissen Grad ist es auch erklärlich, dass die Wertschätzung des Alters so stark nachgelassen hat, verglichen mit früheren Generationen. Die Erfahrungen waren der größte Schatz der Alten, von dem die Jungen profitieren konnten. Nun aber sind wir in einer anderen Situation: Alles ändert sich so schnell – Lebensverhältnisse, Arbeitsprozesse, technische Entwicklungen –, dass die Erfahrungen von vor Jahrzehnten weitgehend überholt sind und keinen

Wert mehr haben. Wer also als alter Mensch auf seinen Erkenntnissen und seinem Können stehen bleibt, das er als junger Mensch erworben hat, der ist abgehängt. Flexibel müsse man sein, sagt man uns dauernd, stetig dazulernen und im Alter immer noch Neues anpacken.

Das ist nicht leicht. Wie macht man das? Verstehen Sie mich recht, Herr Kaleb, ich frage nicht, woher Sie im Alter noch Gesundheit und Körperkraft hatten. So etwas ist ein Gottesgeschenk. Man kann wohl auch etwas dafür tun, aber allein an unserem Tun liegt es nicht. Ich frage nach der Gesundheit des Geistes und der Seele, nach dem inneren Feuer, gewissermaßen.

Ich werde nicht vor der Herausforderung stehen wie Sie, mit 85 noch das Schwert zu ergreifen. Ganz abgesehen davon, dass man heute keine Schwerter mehr benutzt, sondern ... aber es würde zu weit führen, Ihnen die heutige Waffentechnik zu erklären. Wir könnten auch nicht so unbefangen drauflos schlagen, weil Gott seinen Leuten inzwischen andere Richtlinien gegeben hat: Friede und Versöhnung und Nächstenliebe. Aber das ist jetzt nicht mein Thema. Es wäre zu schwierig, mich darüber brieflich mit Ihnen auszutauschen.

Mein Thema ist nur dies: Woher hatten Sie damals im hohen Alter diese „Flexibilität“, wie man sie von uns heute fordert, den Antrieb, die Zielstrebigkeit, die Vitalität? Und, wenn Sie es mir nicht übel nehmen, dass ich auch das frage: Woher die geistliche Frische? Wie ist es zu erklären, dass der feste Glaube, der Sie mit 40 ausgezeichnet hat, sich erhalten hat? Und zwar nicht als etwas Starres erhalten, eingefroren auf dem damaligen Stand, sondern lebendig geblieben, frisch, kein statischer Glaube, sondern dynamisch?

Ich wünsche mir solch einen bis ins hohe Alter frischen Glauben. So kam ich auf die Idee, Ihnen deswegen zu schreiben und zu fragen, ob Sie nicht ein paar gute Ratschläge für mich haben. Ich wäre Ihnen sehr dankbar!

Lassen Sie sich nur Zeit damit! Es dauert noch etwas, bis ich in Ihr Alter komme.

Auf Ihre Antwort trotzdem gespannt grüßt Sie

*Ihr*
*Eckart zur Nieden*

PS: Gerade las ich noch mal den Bericht von Ihrer Rückkehr aus Kanaan, dem Streit und dem Versprechen Gottes an Sie. Da sagt Gott wörtlich: „Nur meinen Knecht Kaleb, weil ein anderer Geist in ihm ist und er mir treu nachgefolgt ist, den will ich in das Land bringen.“ Besser kann ich gar nicht ausdrücken, was ich meine. „Ein anderer Geist“. Was für ein Geist ist das, und wie bekommt man ihn?

PPS: Warum wollten Sie denn unbedingt Hebron als Erbteil haben? Es gab doch auch viele andere schöne Orte in Kanaan, die leichter einzunehmen waren!

An
Eckart zur Nieden
weit nördlich von uns
und viel später

Hebron, Israel,
nach der Eroberung

Lieber Eckart,

ich sag' mal einfach du, einverstanden? Weißt du, ich bin ein alter Krieger, mein Leben lang ein Draufgänger gewesen, dem diese vornehme Redeweise fremd war. Ich könnte mich nur mit Mühe dazu überwinden.

Aber denke nicht, mein (vergleichsweise) junger Freund, dass diese Vitalität im Alter, die du so bewunderst, darin begründet wäre, dass ich schon immer ein Draufgänger war. Du hast schon richtig vermutet: Das ist nicht (oder sagen wir: nicht nur) Veranlagung, sondern auch Ergebnis eines geistlichen Wachstumsprozesses. Und da du mich darum gebeten hast, will ich dir gern davon erzählen. Vielleicht kannst du das eine oder andere als Tipp eines alten Glaubenden in deine Lebensverhältnisse übertragen.

Dass ich damit nicht angeben will, muss ich wohl nicht extra betonen. Du hast mich ja gefragt – also gebe ich Antwort. Erfahrungen mit Gott und Erkenntnisse im Glauben eignen sich sowieso nicht zum Angeben. Wollte man's versuchen, hätten sie schon ihren Wert verloren.

Du hast zum Schluss gefragt, warum ich ausgerechnet Hebron haben wollte. Das will ich dir erklären. Vier Gründe hatte ich dafür, und in diesen vier Gründen liegen vielleicht auch die Tipps für geistliches Frischbleiben, die du erbeten hast.

### 1. Von Gottes Reichtum nehmen!

Hebron war fruchtbar und hatte viel zu bieten. Dort hatten wir als Kundschafter ja die große Traube abgeschnitten, die so voll und schwer war, dass zwei Mann sie zusammen tragen mussten. Sicher steht in dem Bericht, den du kennst, auch davon.

Nun wird Unbescheidenheit nicht gerade als Tugend angesehen. Unter Glaubenden ist uns sogar geboten, anderen, Schwächeren, den Vortritt zu lassen. Wir sollen nicht einmal begehren, was unser Nächster besitzt.

Aber das ist anders, wenn Gott uns beschenken will. Er hatte ja gesagt, dass er mir Land geben wollte. Es kam von ihm. Und bei Gottes Geschenken dürfen wir ruhig unbescheiden sein. Viel von ihm zu erbitten und zu erwarten zeigt, dass wir ihm viel zutrauen und mit seiner Liebe rechnen. Es freut ihn darum.

Allen in Israel war bekannt, dass mein Erbteil der Lohn für mein damaliges Gottvertrauen war. Sollte ich nun sagen: „Danke, Herr, aber ich verzichte auf den Lohn“? Was hätte Israel empfunden, wenn das Geschenk Gottes, vor langer Zeit großartig angekündigt, nur in ein paar ärmlichen Dörfern bestanden hätte? Nicht besser oder gar schlechter als das, was andere bekamen? Sollten Sie nicht an meinem Beispiel sehen, dass Gott sich nicht lumpen lässt und dass Vertrauen sich lohnt? Es musste doch klar werden: Gott steht zu seinem Wort!

Viele Menschen sind vor Gott zu bescheiden. Wie viele großartige Verheißungen hat er uns gegeben! Sie nicht im Glauben anzunehmen heißt, ihn und sein Wort nicht ernst zu nehmen.

Wenn du zum Essen eingeladen bist, ihr sitzt zusammen auf dem Boden im Zelt, die Knechte deines Freundes tragen die Schüsseln mit Hammelfleisch auf – was tust du dann? Wenn du alles an dich reißt, bist du gierig, das macht keinen guten Eindruck. Aber wenn du gar nichts isst, macht es erst recht einen schlechten Eindruck. Dann denkt dein Gastgeber, es schmeckt dir nicht. Oder gar, du fürchtest vergiftet zu werden. Das wäre eine schwere Beleidigung.

Schmeckt dir nicht, was Gott dir schenken will?

Oder fürchtest du, er gäbe dir Gift? Vielleicht einen Skorpion statt einen Fisch?

2. Eng an Gottes Wort bleiben

Gott hatte mir nicht genau gesagt, welches Stück Land mir gehören sollte. Nur dass es in dem Land war, das wir gerade ausgekundschaftet hatten. Das konnte überall sein.

Aber Hebron lag am nächsten bei unserem damaligen Lager. Manchmal muss man das Naheliegende tun.

Außerdem war mir Lohn versprochen. Und Lohn muss auch lohnend sein. Also warum nicht die Hauptstadt dieser Gegend? Der Lohn stand ja im engen Zusammenhang mit meiner Überzeugung, dass Gott uns siegen lässt. Weshalb nicht den größten Sieg erwarten: den Sieg über die Stadt der Riesen?

Weißt du, manchmal sagt Gott nicht ganz klar und genau, was sein Wille ist. Da bleibt uns nichts übrig als zu überlegen, was dem, was er gesagt hat, wohl am nächsten kommt. Wenn wir genau hinhören und betend nachdenken, zeigt sich meistens der richtige Weg.

3. Für Gott offensiv sein

Dass in Hebron Riesen wohnten, wäre für andere vielleicht ein Grund gewesen, gerade dort nicht hinzugehen. Sogar für Jüngere. Ich hätte meine 85 Jahre als Grund vorschieben können, mich zurückzuhalten.

Aber genau das wollte ich nicht. 45 Jahre lang, in der Wüste und bei den ersten Eroberungen, habe ich darauf gebrannt zu kämpfen und so zu beweisen, dass stimmt, was ich damals sagte: Gott wird uns den Sieg geben. Sollte ich nun, wo ich endlich die Erfüllung sehen konnte, doch klein beigeben? 45 Jahre lang habe ich an Gottes Zusage festgehalten. Sollte ich nun, kurz bevor sie zur Tat werden konnte, zurückstecken?

Sicher war es gefährlich. Und menschlich betrachtet wusste ich nicht wirklich, ob ich Hebron erobern konnte. Ich sagte zu Josua: „Vielleicht wird der Herr mit mir sein, dass ich sie vertreibe, wie er zugesagt hat." Vielleicht!

Das Wesen des Glaubens ist, dass er kein menschliches, sicheres Wissen ist, aber eine göttliche Gewissheit, die im Blick auf ihn wächst, aber die schwinden kann, wenn wir auf uns sehen. Ich wusste es nicht, aber ich „wollte es wissen".

Es macht wohl den „anderen Geist" aus, dass ich mich nicht zurückzog, sicherheitshalber. Sondern dass ich's wissen wollte, dass ich auch im Alter noch neue Aufgaben suchte, um neue Gotteserfahrungen zu machen.

Versteh mich recht: Wäre ich körperlich gebrechlich gewesen, hätte ich mich auch zufrieden geben können, dass andere für mich kämpfen, etwa meine Kinder und Enkel und Neffen. Aber ich konnte mich nicht damit zufrieden geben, dass die letzte große Gotteserfahrung 45 Jahre zurücklag. Alter kann äußerlich Zurückstecken bedeuten. Aber im Glauben müssen wir offensiv bleiben.

4. Bewusst in Gottes Geschichte stehen

In Hebron lag die Höhle, die unser Ahnherr Abraham als Begräbnisstätte für seine Frau Sara gekauft hatte. Danach wurde er dort begraben, später Isaak und Rebekka, Jakob und Lea. Ihnen hatte Gott versprochen, dass er ihren Nachkommen dieses Land geben wolle. Damals war diese Höhle der einzige rechtmäßig erworbene Besitz unserer Väter. Je näher ich diesem Ort war, desto deutlicher war mir, dass ich zu diesen Nachkommen gehörte, für die die Verheißung galt. Die Verbindung zu Gottes Geschichte war es, die diesen Ort für mich besonders wertvoll machte: Ich war nun in den Genuss der Segensverheißung gekommen, die mein Ahnherr Abraham vor fast einem halben Jahrtausend bekommen hatte. Was für eine Erfüllung!

Man sagt ja von den Alten, dass sie immer am liebsten von früher erzählen. Ich rede nicht der Gewohnheit mancher Greise das Wort, nur in der Erinnerung zu kramen, als gäbe es keine Gegenwart und keine Zukunft. Und doch kann es gerade eine Aufgabe der Alten sein, den Blick für Gottes Geschichte zu behalten.

Als Leute Gottes sollen wir nicht geschichtslos leben. Wir sind wahrlich nicht die Ersten, die ihm folgen. Und die Erinnerung an das, was Gott früher getan hat, kann Mut machen, auch für jetzt und für morgen mit ihm zu rechnen.

Unserem Volk wurde es von Gott zur Pflicht gemacht, den immer wieder nachkommenden Generationen von Gottes großen Taten zu berichten. Weil das sie alle in diese Geschichte hineinnimmt. Und weil es viel bedeutet und Kraft gibt, darin zu stehen. Ich kann das aus Erfahrung bestätigen.

Jetzt habe ich viel geschrieben, um dir zu antworten, lieber Eckart. Dabei bin ich sonst gar kein Freund vieler Worte. Ich führe lieber das Schwert als die Feder. Wenn dir mein Brief trotzdem eine Hilfe war, so freue ich mich. Ich freue mich auch, dass du mit in der Geschichte Gottes mit seinen Leuten stehst, so wie Abraham und ich und sicher viele andere noch dazwischen. Er lasse seine Geschichte auch nach dir weiter gehen!

Unser treuer Gott sei mit dir! Es grüßt dich

*dein*
*Kaleb*

An seine
Hochwürden Samuel
Prophet, Priester
und Richter a. D.
Rama, Israel

Wetzlar an der Lahn,
im Jahr 2005
christlicher Zeitrechnung

Sehr verehrter Herr Samuel,

wohl ist mir bekannt, dass Sie nach Erfüllung all Ihrer vielen Aufgaben sich gern in Rama zur Ruhe setzen wollten. Ich habe auch, nachdem ich die Berichte über Sie las, den Eindruck, Sie hätten sich nur widerstrebend noch einmal von Gott reaktivieren lassen, als das mit Saul schief ging. So fürchte ich, dass Sie auch jetzt gern in Ruhe gelassen werden möchten. Dafür hätte ich natürlich Verständnis. Andererseits ist nun so viel Zeit vergangen, dass ich denke, ich kann mich doch mal an Sie wenden, ohne Sie all zu sehr zu belästigen. Sollte es Ihnen also zu viel Mühe bereiten zu schreiben, so nähme ich es Ihnen nicht übel, wenn Sie meinen Brief unbeantwortet ließen. Traurig wäre ich allerdings schon.

Ich will Ihnen nicht verhehlen, dass ich wegen verschiedener Fragen, die mich mit zunehmendem Alter beschäftigen, schon an einige Personen Ihres Volkes geschrieben habe. Deren Antworten waren mir auch eine große Hilfe. In der Sache, die mich nun noch bewegt, meine ich, von Ihnen den besten Rat erwarten zu können.

Offenbar kann man im Alter vor zwei genau gegensätzlichen Problemen stehen. Ich kenne Menschen, die wollen ihre Ämter und Aufgaben nicht loslassen und merken gar nicht, dass alle anderen nur darauf warten. Und dann gibt es andere, die haben keine Lust mehr, Verantwortung mit zu tragen, obwohl sie das eigentlich noch könnten, und sehen, wie sie sich so früh wie möglich zur Ruhe setzen können.

Hier den richtigen Weg zu finden, scheint nicht leicht zu sein. Da dieses Problem auch auf mich zukommt, wollte ich Sie fragen, ob Sie mir da raten und helfen können.

Ich meine, dass ich damit bei Ihnen an der richtigen Adresse bin, weil Ihre Geschichte in dem Buch, das Ihren Namen trägt, genau dieses Problem enthält.

Offenbar waren Sie ein Priester, nachdem Sie Eli mit seinen missratenen Söhnen abgelöst hatten in dem

Zelt Gottes in Silo. Sie haben ja auch später Gott Opfer gebracht, was Saul verboten war. Als dann die Bundeslade wieder zurückkam von den Philistern und der Priesterdienst ordentlich eingerichtet war, haben Sie dieses Amt niedergelegt.

Sie waren aber nicht nur geistlich, sondern auch politisch die höchste Instanz. Als Richter waren Sie in ganz Israel anerkannt. Das Amt schien Ihnen gar nicht zu liegen und Sie wollten es offenbar loswerden. Also haben Sie Ihre Söhne damit betraut. Die waren aber nicht viel besser als Elis Söhne. Sie waren bestechlich und beugten das Recht. Das Problem löste sich, als Sie Saul zum König gesalbt hatten, da brauchte das Volk keinen Richter mehr.

Sie waren in all den Jahren mit ihren Kämpfen alt und müde geworden und dachten nun auch das dritte Amt niederzulegen, das des Propheten, der Stimme Gottes. Eigentlich war dieses Amt ja das erste gewesen, die Grundlage für die anderen Aufgaben.

Sie gingen in Ihre Heimatstadt Rama und glaubten oder hofften zumindest, nun wären keine Prophezeiungen und Zurechtweisungen mehr nötig, keine Auseinandersetzungen um den rechten Glauben, keine Ermahnungen an die Gottlosen, kein Streit um Recht und Unrecht. Es gab ja nun Priester und einen König, deren Aufgabe das war. Sie sollten nun in Ruhe vor ihrem Haus sitzen können, die gichtigen Beine in die

Sonne halten und mit vorbeikommenden Bürgern von Rama gelegentlich ein Schwätzchen halten.

Aber es kam ganz anders. Der vielversprechende König Saul versagte. Nicht als Kriegsherr, da war er sogar ausgesprochen erfolgreich, aber als Beauftragter Gottes. Der Herr wollte sich nun nicht mehr zu ihm stellen, und Sie hatten den Auftrag, ihm das zu sagen.

Und dann kam es noch dramatischer: Sie sollten einen anderen zum König salben. Wenn das nun Saul erfuhr! Der würde doch nicht zulassen, dass ihm jemand seinen Thron streitig macht!

Ich habe den Eindruck, verehrter Samuel, dass Ihnen die Gratwanderung gelungen ist zwischen einerseits krampfhaftem Festhalten an Aufgaben, um nicht Lebenssinn und Anerkennung zu verlieren und in ein Loch zu fallen, und auf der anderen Seite dem Abschalten und Resignieren. Eine Gratwanderung sieht ja für nicht Betroffene manchmal wie ein Eiertanz aus. Aber es ist nicht wichtig, wie es aussieht, sondern ob wir den Willen Gottes tun.

Ich wünsche mir Ihren Eifer, wenn Gott beauftragt. Und ich wünsche mir Ihre Gelassenheit, wenn nichts zu tun ist, weil Gott selber handelt. Ich wünsche mir Ihre Motivation, die offenbar nicht in menschlicher Unruhe bestand, sondern in dem Willen, Gottes Befehlen gehorsam zu sein. Und ich wünsche mir das Vertrauen, dass Gottes Sache auch gut aufgehoben ist, wenn ich nicht dazwischen pfusche, meistens noch besser aufgehoben ist. Dass Gott auch andere gebrauchen kann und dass er manchmal sogar gut daran tut.

Oder habe ich da in die Berichte über Sie zu viel hineingelesen? Wenn ja – wie war es wirklich? Und können Sie mir aus Ihrer Erfahrung nicht trotzdem manches sagen, das Orientierung gibt? Wenn ich Sie aber zutreffend beschrieben habe – wie sind Sie zu dieser Haltung gekommen? Was war die treibende Kraft, das Prägende in Ihrem abenteuerlichen Leben?

Ihr Glaube, natürlich! Aber geht es etwas genauer? Glauben haben viele, ohne aber diese Gratwanderung sicher zu überstehen.

Bin ich zu indiskret mit meinen Fragen? Den Eindruck habe ich fast, wenn ich noch einmal durchlese, was ich geschrieben habe. Andererseits kann ich mir nicht vorstellen, dass Sie einen seelsorglichen Rat verweigern. Bei Ihrer Vorgeschichte als Priester, der für die Menschen vor Gott tritt und als Prophet, der für Gott vor die Menschen tritt.

In dieser Erwartung sage ich schon im Voraus meinen Dank und grüße Sie

*Ihr*
*Eckart zur Nieden*

An<br>Eckart zur Nieden<br>Fern von hier<br>und doch nicht<br>fern von Gott

Rama in Israel,<br>im letzten Regierungsjahr<br>des Königes Saul

Lieber Freund,

darf ich Sie so nennen? Ich weiß nicht, wo die Lahn fließt, an der Sie offenbar siedeln. In einem jener Länder, in die einst Kain zog, als er fliehen musste? Jedenfalls vermute ich, dass Sie nicht zu den Nachkommen Abrahams gehören. Dass Sie trotzdem dem Gott Abrahams, Isaaks und Jakobs glauben, macht mich froh. Es zeigt mir, dass unser Herr auch außerhalb der Tradition unseres Volkes zu Menschen redet, wie er es schon bei Hiob oder bei Melchisedek getan hat. Oder erkennt ihn gar in Ihrer Zeit die ganze Völkerwelt? Wie dem auch sei, ich freue mich und würde Sie am liebsten nicht nur „lieber Freund“, sondern „lieber Bruder“ nennen.

Was Sie über meine Haltung schreiben, beschämt mich. Nein, ich war nicht der fromme Gottesstreiter, der ich offenbar in Ihren Augen bin. Meine Motive waren durchaus nicht immer edel. Da war so viel Menschliches in mir, wo der Geist Gottes hätte vorherrschen sollen. Dass er mich trotzdem gebrauchen konnte, schreibe ich seiner Barmherzigkeit zu.

Ich will das erklären, damit Sie nun nicht denken, das sagte ich nur so aus Bescheidenheit oder gar aus geheuchelter Demut, weil Demut einem Gottesmann wohl ansteht. Sie haben meine dreifache Amtsniederlegung im Großen und Ganzen zutreffend geschildert. Nun schildere ich Ihnen meine Resignation und eine dreifache Korrektur durch Gott.

Vermutlich liegt Ihnen auch ein Bericht vor über mein Gespräch mit Saul, als er noch König war und ich ihm sagen musste, dass er es nicht lange bleiben würde. Für alle Verfehlungen, die ich ihm vorhielt, hatte er eine Ausrede. Er war unfähig oder unwillig, seine Schuld zu erkennen und umzukehren. Er wollte aber unbedingt, dass ich vor dem Volk so tue, als sei alles in Ordnung. Der Prophet musste mit dem König Einigkeit demonstrieren. Niemand sollte ahnen, dass Gott mit dem König nicht mehr einig war.

Und ich? Ich brachte es nicht übers Herz, ihn öffentlich bloßzustellen. Zu viel hatte ich in vielen

Jahren getan, um Saul zum König zu machen, da konnte ich ihn doch jetzt nicht hängen lassen – meinte ich. Es ist ja vielleicht verständlich, wenn alte Leute sich weigern einzugestehen, dass sie viele Jahre ihres Lebens in eine Sache investiert haben, die sich nun als verkehrt herausstellt.

Ich war so enttäuscht! Und traurig auch, nicht nur um meinetwillen, weil ein großes Werk meines Lebens vergeblich war, sondern auch um Sauls willen, den ich geliebt hatte wie einen Sohn.

Gott aber korrigierte mich.

1. „Was trauerst du um Saul?", sagte er. Was trauerst du statt zu handeln? Wenn Reden nichts mehr verändert – Resignieren ändert erst recht nichts.
„Nimm dein Ölhorn und gehe nach Bethlehem zu Isai. Einen seiner Söhne habe ich als neuen König ausgesucht!" Wie? Soll das alles nochmal von vorn anfangen? Und soll damit die Verwerfung Sauls endgültig sein? Im Alter ist es nicht leicht, sich vom Vertrauten zu lösen und nochmal ganz neu anzufangen. Aber Gott nötigte mich dazu, und dafür bin ich ihm dankbar. Wohl darf man trauern um Menschen und um alles, was schief gelaufen ist. Aber man darf darüber das Wichtigere nicht vergessen: zu ändern, was sich noch ändern lässt.

Weil ich Gott aus einem langen Leben mit ihm

kannte, wusste ich: Es ist richtig, dass er mich noch einmal ruft. Er gönnt mir sicher meine Ruhe, aber mit Saul wäre es eine trügerische Ruhe gewesen. Und so fand ich durch ihn die Kraft, trotz Alter, Trauer und Müdigkeit noch einmal aufzubrechen.

2. „Hab keine Angst", sagte er mir.
Sicher, die Gefahr besteht, dass Saul Wind davon bekommt, und dann seine ganze Staatsmacht gegen dich und den jungen Gesalbten aufbietet. Aber du gehst, um ein Opfer zu bringen. Nimm eine junge Kuh mit, die du in Bethlehem opfern kannst. Das wird bei Saul keinen Verdacht erregen. Lade Isai zum Opferfest ein. Ich werde dir dann zeigen, welchen seiner Söhne du salben sollst.

Ist Gott nicht ein freundlicher Auftraggeber? Er verspricht mir seine Nähe. Er sagt mir, was ich zu meinem Schutz tun kann. Er ist kein Herr, der seine Knechte in die Gefahr schickt und dann allein lässt. Wenn man alt und hilflos und schutzbedürftig ist, dann ist diese Erkenntnis viel wertvoller, als wenn man sich mit den Kräften der Jugend in ein Abenteuer stürzt.

3. Und dann die dritte Korrektur: Gott sieht die Dinge anders als wir.
Eliab war Isais erstgeborener Sohn. Stolz und stattlich. Gut, dachte ich, wenigstens äußerlich muss er

sich vor Saul nicht verstecken. Der wird es wohl sein. Es ist ja sowieso üblich, dass dem Erstgeborenen die größte Ehre zukommt. Aber Gott sagte „nein“.

„Ein Mensch sieht, was vor Augen ist. Der Herr aber sieht das Herz an.“

Aber wer dann? Sechs weitere Söhne ließ Isai kommen, aber immer wieder sagte Gott: „Dieser nicht!“ Dann gab es anscheinend keinen mehr. Erst auf mein Fragen und Drängen hin holten sie den Jüngsten vom Feld, wo er die Schafe hütete. Kaum sah ich ihn, wusste ich: Das ist er. Also salbte ich ihn.

David hieß der Junge. Aber das wissen Sie sicher, wenn Sie die Chronik gelesen haben.

Einen Rat wollten Sie? Bleiben Sie korrekturfähig! Klagen Sie nicht nur über den Verlust der „guten alten Zeit“ und über die böse Gegenwart. Klagen und Trauern ändert meistens nichts zum Guten. Beten Sie, behalten Sie Hoffnung, und wenn Sie es noch können, tun Sie etwas!

Seien Sie dabei nicht ängstlich, wie es bei nachlassenden Kräften zwar verständlich, aber nicht nötig ist. Gott geht mit. Lassen Sie sich nicht vom äußeren Schein blenden. Der Herr sieht das Herz an.

Und weil er tiefer blickt, weiß er auch, was zu tun ist … Vielleicht tut er es durch Sie.

Als ich David gesalbt hatte, waren noch nicht alle Probleme gelöst. Im Gegenteil, es begann eine kritische Zeit. Aber wir waren auf dem richtigen Weg. Und ich hatte getan, was Gott von mir forderte, und konnte beruhigt nach Rama in den Feierabend gehen.

Übrigens: Gicht in den Beinen hatte ich nicht!

Unser gemeinsamer Herr und Gott segne Sie in Ihren Aufgaben, wie er mich in meinen gesegnet hat! In ihm über viele Generationen verbunden grüße ich Sie

*Ihr*
*Samuel*